ALINA POM

Gelassenheit

KLEINE ANLEITUNG
FÜR EIN GUTES LEBEN

Inhalt

Kleine Routinen – große Wirkung

Gelassenheit
ist der Schlüssel
zum glücklichen
Leben.

———— · ————

TEIL 1

Gelassenheit finden

Mehr Ruhe ins Leben bringen

Die Welt wird stets komplexer und schnelllebiger und gleichzeitig steigt das Bedürfnis nach Ruhe und Entschleunigung. Mit einigen Strategien und Tipps kannst du einen Weg für dich finden, um von den steigenden Ansprüchen und der Hektik des Alltags einen Schritt zurückzutreten.

In diesem Buch lernst du, wie du mehr Gelassenheit in dein Leben einladen kannst.

Ich hoffe, dass du am Ende dieses Buches die ersten Veränderungen hin zu mehr innerer Ruhe wahrnehmen wirst.

Du wirst viele Anregungen und Übungen an die Hand bekommen, um die Inhalte in die Praxis umzusetzen. Du findest dazu Fragen, die dir helfen werden, mit deinen Gedanken und Emotionen bewusster und achtsamer umzugehen.

Die Übungen dienen zur Selbstreflexion und Anregung. Hier gibt es keine richtigen oder falschen Antworten, sei einfach ehrlich und aufrichtig zu dir selbst und du wirst beim Durcharbeiten dieses Buches mehr und mehr Gelassenheit empfinden.

Lass uns nun die Reise zu deiner Gelassenheit beginnen und verschiedene Aspekte sowie Strategien kennenlernen.

So nutzt du dieses Buch:

DEINE RUHEOASE

Richte bei dir zu Hause deine Ruheoase ein, wo du ungestört sein kannst, um dich regelmäßig zu entspannen. Es kann ein Raum oder dein Lieblingssessel sein, ein Ort, an dem du dich wohl und sicher fühlst. Definiere deinen persönlichen Rückzugsort und gestalte ihn nach deinen Vorlieben. Vielleicht möchtest du hier eine Duftkerze anzünden, eine kuschelige Decke hinlegen und deinen Lieblingstee genießen.

JOURNALING:

Halte einen Stift und ein Notizheft
bereit, um deine Erkenntnisse und
Impulse festzuhalten.
Lasse dir zwischen den Kapiteln zwei
bis drei Tage Zeit, um die neuen
Inspirationen zu verinnerlichen und in
deinen Alltag zu integrieren.

REGELMÄSSIG ENTSPANNEN

In dem hektischen Alltag und mit einem vollen Kalender kann regelmäßige Entspannung in Vergessenheit geraten. Plane dir feste Tage und Uhrzeiten ein, um dir etwas Zeit für dich selbst zu nehmen. Priorisiere deine innere Ruhe und mentale Entschleunigung in deiner Tagesplanung, damit sie nicht im Alltag untergehen.

Achte darauf, dranzubleiben und dir regelmäßig Zeit zu nehmen, um deine innere Ruhe zu stärken.

Übung

Beantworte folgende Fragen
in deinem Notizheft

1	10
angespannt	gelassen

- *Bewerte deine heutige Gelassenheit.
  Wie gelassen fühlst du dich im Alltag?*

- *Wie fühlt sich die Gelassenheit für dich
  körperlich an?*

- *Wie fühlt sich die Gelassenheit für dich
  emotional an?*

Umgang mit Triggern

Gelassenheit wird vor allem in Stresssituationen deutlich. Können wir rational handeln, wenn schwierige Momente auftreten? Können wir die Beherrschung bewahren?

Abhängig von den Situationen kann dein Gelassenheitslevel schwanken. Es kann sich durch unerwartete Ereignisse oder wiederkehrende Trigger rasch verändern.

Trigger sind Auslöser in Form von Situationen, Erlebnissen oder Verhaltensweisen anderer, auf die wir emotional reagieren.

Oft sind es wiederkehrende Muster oder Erfahrungen, die dich zur Anspannung bringen. Diese Reaktionsmuster können deine allgemeine Ausgeglichenheit beeinflussen.

Sie können dir aber auch helfen, bewusst und selbstbestimmt mit allen Phasen des Lebens umzugehen. Der bewusste Umgang mit deinen persönlichen Triggern kann dir helfen, die Situation zu reflektieren.

Eine gelassene Haltung haben heißt, den Augenblick zu leben, ohne sofort auf etwas reagieren, etwas verändern, erzwingen oder kontrollieren zu wollen, sondern den Moment wahrzunehmen, wie er ist.

Gelassen bleiben, kann aber auch bedeuten, etwas sein zu lassen oder etwas nicht zu tun, um eine unkontrollierte oder impulsive Handlung zu vermeiden.

Wie du auf die unerwarteten Situationen oder wiederkehrenden Auslöser reagierst, spiegelt deine innere Gelassenheit wider. Du hast stets die Wahl, deine Reaktion bewusst zu wählen und die bekannten Muster zu durchbrechen.

Die Fähigkeit, Dinge, die du nicht ändern kannst, so anzunehmen, wie sie tatsächlich sind, bringt Ausgeglichenheit in dein Leben.

Lerne, ruhig
zu bleiben,
nicht alles erfordert
eine Reaktion.

Übung

Beantworte folgende Fragen in deinem Notizheft

- *Wie reagierst du auf unerwartete, angespannte Situationen?*

- *Auf welche wiederkehrenden Trigger reagierst du emotional oder impulsiv?*

- *Wie möchtest du stattdessen reagieren? Welche alternativen Möglichkeiten hast du?*

Gelassenheit

weniger	mehr
Angst	Vertrauen
Ärger	Gleichmut
Stress	Entspannung
Hektik	Innere Ruhe
Perfektionismus	Akzeptanz
Kontrolle	Loslassen

Was Gelassenheit nicht ist

Um besser zu verstehen, was Gelassenheit ist, ist es hilfreich zu betrachten, was sie nicht ist.

Gelassenheit kann leicht mit Gleichgültigkeit verwechselt werden. Gleichgültigkeit ist Desinteresse für die Welt und dafür, was um uns herum geschieht. Gelassenheit ist keine Passivität oder Untätigkeit. Gelassen zu sein, bedeutet auch nicht, lustlos oder emotionslos zu sein.

Im Gegenteil, wer gelassen ist, betrachtet die Gesamtsituation mit offenem Blickwinkel, um die besten Optionen in einer herausfordernden Situation zu erkennen. Gelassenheit verbindet die innere Ruhe mit Ausgeglichenheit, Geduld und Klarheit.

Gelassenheit erfordert auch, dass du bereit bist, die Realität anzunehmen, wie sie ist, um mit klarem Kopf reagieren zu können.

Gelassenheit ist erlernbar und kann dein Leben positiv beeinflussen. Sie ist nicht anstrengend, ganz im Gegenteil, sie darf sich leicht und gut anfühlen.

Fokussierst du dich auf die Gelassenheit und Zufriedenheit, so wirst du mehr davon erschaffen.

ICH ERSCHAFFE

INNEREN

Frieden.

Übung

Beantworte folgende Fragen in deinem Notizheft

- *In welchen Situationen möchtest du gelassener reagieren?*

- *Liste zehn Dinge auf, die dich körperlich entspannen.*

- *Liste zehn Dinge auf, die dich mental entspannen.*

Ich wähle

GELASSENHEIT.

———— · ————

Wo stehst du?

Ein Leben in vollkommener Gelassenheit. Ist das überhaupt möglich? Es wird immer wieder herausfordernde Situationen geben. Jedoch kannst du deine Gelassenheit stärken und auf die unterschiedlichen Ereignisse achtsam reagieren und angemessen damit umgehen lernen. Dafür ist es zunächst wichtig, zu verstehen und zu akzeptieren, wo du heute stehst.

Die Selbstreflexion hilft dir zu erkennen, welche Aktivitäten deine Gelassenheit stärken und welche Aspekte du in deinem Leben verändern möchtest. Sie bringt dir mehr Struktur und Klarheit über deine aktuelle Ist-Situation.

Übung

Für diese Übung benötigst du dein Notizheft und drei bunte Stifte: rot, gelb und grün.

Notiere in Stichpunkten Aufgaben, die du in deinem Alltag regelmäßig erledigst. Liste von Montag bis Sonntag alle Verpflichtungen und Aktivitäten auf, die du ausführst. Zum Beispiel:

Montag: Frühstücken, Arbeiten, Kochen, Sport, Haushalt, Zeit mit Freunden / Familie, Gassi gehen, Einkaufen.

Markiere nun die einzelnen Aktivitäten farblich nach folgenden Kriterien:
Grün: Macht mir Spaß und gibt mit Kraft
Gelb: Neutral, keine Belastung
Rot: Große Belastung und raubt mir Kraft

Diese Liste verschafft dir Klarheit darüber, wo du heute stehst. Sie macht deutlich, ob du mit deinem Alltag zufrieden bist und was du ändern kannst. Es wird immer gelbe und rote Aufgaben und Aktivitäten geben. Sie sollten jedoch nicht mehr als die Hälfte deiner Zeit ausmachen.

Schreibe die Liste nun noch einmal neu, so wie du deinen Alltag gerne gestalten möchtest. Sie dient dir als dein Wegweiser für mehr Gleichgewicht im Alltag.

Mit der Zeit
wird die Zeit
immer wichtiger.

Folgen der Gelassenheit

STRESSREDUKTION

RESILIENZ

ACHTSAMKEIT

INNERE RUHE

ZUFRIEDENHEIT

FREIHEIT

AUSGEGLICHENHEIT

Wandel darf sein

Gelassenheit lehrt uns, dass wir die Dinge akzeptieren und sie so sein lassen, wie sie sind, wenn wir wissen, dass wir keine Kontrolle über sie haben. Vieles geschieht auf der Welt, worauf wir keinen Einfluss nehmen können. Wir können manche Dinge nicht festhalten, weil sie dem ständigem und natürlichen Wandel unterliegen.

Der Wunsch, alles unter Kontrolle zu haben und die Macht darüber zu besitzen, kann zu Frust und Stress führen. Dieser Irrglaube entfernt uns von der inneren Ruhe und Zufriedenheit.

Übung

Beantworte folgende Fragen
in deinem Notizheft

- *Welche Dinge, Situationen oder Ereignisse liegen außerhalb deiner Kontrollzone?*

- *Welche Dinge oder Situationen kannst du beeinflussen?*

- *Wie kannst du dazwischen klarer unterscheiden?*

Kontrollzone

Wenn wir uns darauf fokussieren, was wir kontrollieren können, gehen wir mit den Ereignissen, die außerhalb unserer Kontrollzone liegen, gelassener um. Zu unterscheiden, was wir kontrollieren können und was nicht, erfordert Achtsamkeit und Disziplin.

Schenken wir den Dingen, die außerhalb unserer Macht liegen, zu viel Energie und Zeit, entsteht ein Gefühl der Machtlosigkeit. Fokussieren wir uns stattdessen auf die Aspekte, die wir verändern und steuern können, gewinnen wir die Kontrolle über das Leben zurück.

Denn in der Kontrollzone findest du die Lösungen und Hinweise darauf, wie und was du steuern und aktiv unternehmen kannst.

Je mehr du dich auf die Dinge konzentrierst, die in deiner Macht stehen, desto gelassener wirst du damit umgehen, was außerhalb dieser Zone liegt. Gleichzeitig kannst du dich effektiver deiner Kontrollzone widmen. Insbesondere deinen Gedanken, Emotionen, Handlungen, Reaktionen, Entscheidungen und Überzeugungen, deiner Zeit, Selbstfürsorge und Lebenseinstellung.

Meine Kontrollzone

Meine Gedanken	Meine Reaktionen
Meine Taten	Meine Gefühle
Selbstfürsorge	Meine Einstellung
Meine Worte	Meine Entscheidungen

Außerhalb meiner Kontrollzone

Was andere denken	Das Wetter
Vergangenheit	Fremde Entscheidungen
Meinungen	Was andere tun
Glück anderer Menschen	Überzeugungen anderer

Erlaube dir selbst,
den jetzigen Moment
genau so wie er ist,
anzunehmen.

Übung

Beantworte folgende Fragen in deinem Notizheft

- *Definiere deine Kontrollzone. Liste auf, was du in deinem Leben aktiv steuern kannst.*

- *Welche aktuelle Situation scheint für dich ungelöst zu sein? Welche Ereignisse bringen dich aus der inneren Ruhe?*

- *Reflektiere, was außerhalb deiner Macht liegt. Welchen dieser Punkte schenkst du viel Zeit und Energie?*

- *Reflektiere, was du steuern oder verändern kannst. Wie kannst du dich mehr darauf fokussieren?*

Gelassenheit entsteht,
wenn du die Dinge
so sein lassen kannst,
wie sie sind.

——— · ———

In deiner Mitte bleiben

Bevor du einige Strategien kennenlernst, mit denen du deine Gelassenheit stärken kannst, ist es wichtig zu verstehen, warum wir nicht gelassen bleiben.

Wir geraten in Stress und Unruhe, wenn die Wirklichkeit nicht unseren Erwartungen entspricht. Die Gelassenheit verblasst genau in dem Moment, wenn das innere Bild mit der äußeren Realität nicht übereinstimmt. Wenn wir an einer klaren Vorstellung festhalten, wie das Leben sein muss, wird jede Abweichung von dieser Erwartung uns mit Besorgnis erfüllen und Unzufriedenheit bringen. Bleibt jedoch alles in dem Rahmen, wie wir es uns vorstellen, fühlen wir uns glücklich und gelassen.

Die Art und Weise, wie du auf die Abweichung von Erwartung und Realität reagierst, bestimmt deine Fähigkeit zur Gelassenheit.

Innere Ruhe ist eine Folge der Gelassenheit: Wir werden nicht durch die Außenwelt beeinflusst und bleiben in unserer Mitte.

Innere Ruhe entsteht in uns drin, dafür müssen wir nach innen blicken und sie stärken.

Übung

Beantworte folgende Fragen in deinem Notizheft

- *In welchen Situationen fühlst du dich nervös und unausgeglichen?*

- *Wie reagierst du in solchen Situationen? Welche Gedanken tauchen auf?*

- *Beschreibe mögliche Alternativen, wie du in solchen Situationen reagieren könntest. Wie würdest du handeln?*

Betrachte
die Dinge
mal
anders.

Loslassen statt festhalten

Im Laufe des Lebens hast du einige Erfahrungen gesammelt, Erinnerungen erschaffen und Beziehungen zu Menschen aufgebaut. Manche Dinge aus der Vergangenheit können dich mit der Zeit mental oder physisch belasten, wenn du mit ihnen nicht abgeschlossen hast oder an bestimmten Erfahrungen oder Menschen festhältst, die dir nicht mehr guttun.

Gelassenheit bedeutet sowohl physische, emotionale als auch mentale Abhängigkeiten loslassen zu können. Durch bewusstes Loslassen befreien wir uns und schaffen Raum für Neues im Leben.

Loslassen bedeutet nicht immer aufgeben. Tatsächlich zeigt es Größe und Stärke, wenn wir erkennen können, was uns schadet und rechtzeitig die Notbremse ziehen. Folgende Aussagen sind oft ein Hinweis, dass es an der Zeit ist, die Vergangenheit loszulassen.

„Ich habe bereits so viele Ressourcen investiert, das kann ich jetzt nicht einfach aufgeben."

„Ich muss nur noch ein wenig durchhalten, dann wird es besser."

„Wenn ich das aufgebe, habe ich versagt."

Loslassen kann uns erleichtern und befreiend sein, jedoch kann dieser Schritt zunächst einen inneren Widerstand auslösen. Mental oder physisch loszulassen, erfordert Kraft, deine bewusste Entschlossenheit und die Offenheit für Neues.

Übung

Beantworte folgende Fragen in deinem Notizheft

- *An welchen Dingen, Menschen, Situationen oder Erinnerungen hältst du noch fest, obwohl sie deiner Gelassenheit im Weg stehen?*

- *Was wird geschehen, wenn du weiterhin daran festhältst?*

- *Was darfst du loslassen, um vorwärtszukommen?*

- *Wie würde es dich verändern, wenn du all das loslässt?*

Loslassen
macht frei.

—.—

Übung

Ausmisten und Platz für Neues schaffen

Sammle 20 bis 30 Gegenstände in deinem Zuhause, die du nicht mehr brauchst und wirf sie weg, schenke sie jemandem, der sie benötigt oder spende sie.

Physisches Loslassen durch Ausmisten befreit dich von alten Dingen und schafft gleichzeitig Platz für etwas Neues in deinem Leben. Führe diese Übung bewusst durch und trenne dich von den alten Dingen.

Was du
LOSLASSEN DARFST

✓ Klamotten, die du nicht mehr trägst

✓ Dinge, die du in den letzten zwölf
Monaten nicht verwendet hast

✓ Negative Gefühle oder schlechte
Erfahrungen aus der Vergangenheit

✓ Schuldgefühle und begangene Fehler

✓ Schlechte Gewohnheiten

✓ Toxische Beziehungen

Ich lade Gelassenheit
in mein Leben ein.

TEIL 2

Strategien für mehr Gelassenheit

Der Weg zur Gelassenheit

Folgende Strategien werden dir helfen, mehr Gelassenheit in dein Leben einzuladen. Es gibt viele unterschiedliche Wege zur Gelassenheit. Genauso wie jeder Mensch anders ist, so funktionieren manche Ansätze besser oder sind effektiver für dich als andere.

Um deinen Weg zur Gelassenheit zu finden, musst du ihn zunächst beschreiten und verschiedene Strategien ausprobieren.

IN DER

RUHE

LIEGT DIE

Kraft.

Körperliche Gelassenheit

Dein Körper ist ein wichtiges Werkzeug für mehr Gelassenheit und eine Tür zu mehr Entspannung. Diese Tür steht dir immer offen.

Dein Körper kann dir dabei helfen, in die Ruhe zu kommen und ist gleichzeitig ein Gradmesser deiner Gelassenheit: Dazu gehören: ruhiger Puls, entspannter Körper (Schultern, Bauch, Kiefer), tiefes und gleichmäßiges Atmen sowie guter Schlaf. An diesen Faktoren kannst du deine körperliche Gelassenheit ablesen und Maßnahmen ergreifen, um mehr Entspannung in den Alltag bringen.

Du kannst die Gelassenheit auf der körperlichen Ebene steuern, indem du deinen Fokus vom Kopf auf den Körper verlagerst.

Muskelentspannung

Durch Stress und innere Unruhe spannt sich zeitgleich die Körpermuskulatur an. Ebenso umgekehrt: Durch die Entspannung der Muskeln entsteht ein inneres Ruhegefühl und das wirkt sich positiv auf das Nervensystem aus.

Um ruhiger zu werden, hilft die progressive Muskelentspannung. Diese Methode wirkt auf der mentalen und gleichzeitig physischen Ebene. Durch die bewusste An- und Entspannung der Muskeln kannst du den gesamten Körper ausruhen lassen. Der Kontrast zwischen beiden Zuständen wird somit deutlich und die innere Ruhe wird gestärkt. Denn ein entspannter Körper führt zu einem entspannten Geist.

Übung

Führe diese Übung aus, um auf der körperlichen Ebene zu entspannen

- *Lege dich bequem auf den Rücken und nimm das Gefühl wahr, wie dein Körper nach unten sinkt.*

- *Erste Muskelgruppe: Spanne deine Hände für fünf Sekunden an und lasse sie wieder locker. Wiederhole die Übung mit den weiteren Muskeln in Unterarmen und Oberarmen.*

- *Spüre dem Kontrast zwischen der Anspannung und Entspannung bewusst nach.*

- *Erweitere die Übung mit weiteren Muskelgruppen: Gesicht, Nacken, Schultern, Brust, Rücken, Bauch, Beine und Füße. Wähle in jeder Muskelgruppe zwei bis drei einzelne Muskeln aus.*

Erholsamer Schlaf

Stress, Sorgen und Anspannung können für schlaflose Nächte verantwortlich sein. Eine erholsame Nacht erfordert oft ausreichend Bewegung am Tag. Regelmäßige körperliche Aktivitäten, um sich auszupowern oder entspannende Bewegung wie Yoga oder Qigong können Abhilfe schaffen. Denn Körper und Geist benötigen guten Schlaf, um sich zu regenerieren.

Entspannungsmusik fördert ebenso einen erholsamen Schlaf wie Meeresrauschen, geführte Meditationen oder Klangschalen. Probiere unterschiedliche Techniken aus und finde heraus, was dir beim Einschlafen am besten hilft.

Selbstfürsorge

Neben der Bewegung benötigt dein Körper Selbstfürsorge und Auszeiten. Idealerweise bieten sich ein Wellness-Tag in der Sauna oder ein heißes Bad zu Hause an.

Du kannst diese Auszeit nutzen, um abzuschalten. Hohe Temperaturen lockern deine Muskeln und entspannen den gesamten Körper. Zusätzlich kannst du deinen Ruhemoment mit Aromaölen, Duftkerzen oder Massagen erweitern.

Wenn man nach mehr Gelassenheit strebt, fehlt einem eins: die Zeit. Plane also noch heute deinen nächsten Me-Time-Termin für Selbstfürsorge ein.

Ich erschaffe
Gelassenheit
in mir.

———— . ————

Mentale Gelassenheit

Mentale Gelassenheit zeichnet sich durch innere Ruhe, Zufriedenheit, Optimismus und Zuversicht aus. Im Alltag kannst du deine mentale Gelassenheit messen, indem du deine Gedanken und Emotionen beobachtest.

Kannst du in herausfordernden Situationen gelassen und ruhig bleiben? Kannst du Dinge ohne Aufregung annehmen, die du nicht ändern kannst? Gibt es Abhängigkeiten zwischen deinen Emotionen und den äußeren Ereignissen?

Mentale Gelassenheit kannst du durch das Bewusstwerden trainieren und stärken. Dafür gibt es verschiedene Techniken.

Raus aus dem Grübeln

Gerade dann, wenn man sich entspannen möchte, gerät man ins Grübeln. Die Gedanken kreisen um ein Thema und man kommt nicht mehr heraus. Tagsüber sind wir oft viel zu beschäftigt und zu abgelenkt, daher schaltet sich das Gedankenkarussell während der Erholungsphasen ein.

Diese Denkschleifen können belastend werden. Sie sind aber auch ein Zeichen dafür, dass wir uns tagsüber zu wenig Zeit für uns selbst nehmen und mit alltäglichen Dingen zu beschäftigt sind. Entspannungsübungen, Sport oder Yoga helfen gegen Grübeln. Auch kreative Tätigkeiten wie Malen, Tanzen, Lesen, Rätsellösen oder Singen sind besonders effektiv.

Übung

Führe diese Übung aus, um auf der mentalen Ebene zu entspannen

Setze einen Timer für 30 Minuten und halte einen Stift und dein Notizheft bereit. Schließe deine Augen und fokussiere dich auf deine Nasenatmung, um einen gedankenlosen Zustand zu erreichen. Sollte dir ein Gedanke, eine Idee oder ein To-do einfallen, öffne die Augen und notiere sie auf dem Papier. Schließe wieder die Augen und lenke deinen Fokus erneut auf die Atmung.

Mit dieser Technik nimmst du dir bewusst Zeit zum Grübeln und bringst deine Gedanken aufs Papier. Durch das Aufschreiben der Einfälle oder der To-dos, die auftauchen, kannst du sie im selben Moment loslassen, weil du sie nicht mehr im Kopf behalten musst.

Atem

Mentale Gelassenheit lässt sich hervorragend durch bewusste Atmung steuern. Bewusstes Atmen ist eine der besten Anti-Stress-Methoden. Atemtechniken sind effektiv, jederzeit verfügbar und dazu noch kostenlos.

Atemtechniken helfen dir, die innere Ruhe wiederherzustellen. Denn deine Achtsamkeit geht von den unruhigen Gedanken auf ruhige Atmung über. Tiefe Bauchatmung erhöht die eingeatmete Luftmenge und verbessert die Versorgung des Körpers mit Sauerstoff. Auf diese Weise treten Entspannung und Gemütsruhe ein.

Deinen Atem mit
der Entspannung zu
verbinden, heißt,
den Geist zur Ruhe
zu bringen.

Übung

Führe diese Übung aus, um auf der mentalen Ebene zu entspannen

- *Lege dich bequem auf den Rücken und spüre, wie dein Körper immer schwerer wird.*

- *Atme tief in deinen unteren Bauch. Beobachte, wie sich deine Bauchdecke nach oben bewegt. Fokussiere dich auf deine Bauchatmung: Versuche, tief und achtsam zu atmen.*

- *Stelle dir vor, wie du bei jedem Einatmen Gelassenheit und Ruhe aufnimmst und bei jedem Ausatmen Aufregung und Stress loslässt.*

Achtsamkeit

Im Buddhismus wird das Gedankenkarussell als „Affengeist" beschrieben. Die Achtsamkeit hilft dir, den sprunghaften Affen zur Ruhe zu bringen oder wenigstens bewusst wahrzunehmen. In der westlichen Kultur verbindet man mit Achtsamkeit die bewusste Wahrnehmung der Situation, die Steuerung der Gedanken und den Fokus auf das Hier und Jetzt.

Achtsamkeit ist ein unverzichtbarer Faktor für innere Ruhe und Entspannung. Unser Körper und Geist können gut mit einem hohen Stresslevel umgehen, allerdings nur, wenn sie regelmäßig Ruhepausen bekommen.

Die Grundidee der Achtsamkeit besteht darin, sich auf die Gegenwart zu fokussieren und nicht in die Vergangenheit oder die Zukunft abzuschweifen. Achtsamkeit stärkt die Geduld und die Akzeptanz der Situation und hilft dir loszulassen.

Je achtsamer du wirst, desto mehr lernst du, den Moment bewusst wahrzunehmen, ohne ihn zu bewerten oder sofort zu reagieren.

Es gibt viele Übungen für Achtsamkeit. Für alle Methoden gilt: Es ist nicht schlimm, wenn die Gedanken immer wieder abschweifen. Nimm auch diese wahr und komme zurück in das Hier und Jetzt.

Du hast eine
Verabredung
mit dem Leben.
Sie findet im
Jetzt statt.

——— · ———

5-Finger-Achtsamkeit

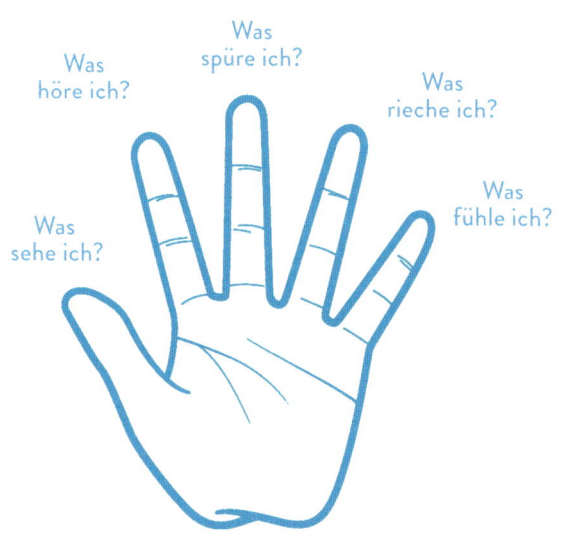

Body-Scan

Beim Body-Scan gehst du mit geschlossenen
Augen mental jeden Körperbereich achtsam
durch und bleibst gedanklich für kurze
Zeit an jeder Körperstelle stehen.
Beobachte deine Empfindungen in den
einzelnen Regionen. Was fühlst du?

Self-Check

Frage dich, wie du dich gerade fühlst.
Was spürst du in deinem Körper?
Was geht in dir vor?
Was würde dir heute gut tun?

Übung

Beantworte folgende Fragen in deinem Notizheft

- *In welchen Situationen fällt es dir leicht, achtsam zu sein?*

- *In welchen Situationen fällt es dir schwer, achtsam zu bleiben?*

- *Probiere unterschiedliche Methoden aus diesem Kapitel aus und wähle, was dir am besten hilft, um mehr Achtsamkeit zu üben.*

Meditation als Entschleunigung

Das Gehirn verarbeitet täglich über 70.000 Gedanken, die uns durch den Kopf gehen. Meditation führt zu mehr Klarheit und innerer Ruhe. Sie ist ein wirksames Werkzeug, um aus der Hektik für einen Moment auszusteigen. Meditation hilft dir, achtsamer und bewusster mit den alltäglichen Gedanken umzugehen. Sie entschleunigt deinen turbulenten Alltag.

Es gibt viele unterschiedliche Meditationstechniken. Für mehr Gelassenheit und Entschleunigung empfiehlt sich eine passive, stille Meditation.

In der stillen Meditation lässt du deine Gedanken los, indem du deinen Atem beobachtest. Es ist ganz normal, dass deine Gedanken abschweifen. Nimm sie einfach wahr und lasse sie wieder los, während du mit deiner Aufmerksamkeit zurück zu deiner Atmung gehst.

Je leiser die Gedanken werden, desto ruhiger und stiller wird der Geist. Es entsteht eine Distanz zu dem Gedankenkarussell und die natürliche Ruhe tritt ein.

5 Minuten stille

Setze dich bequem hin und schließe deine
Augen. Fokussiere dich auf deine Atmung.
Spüre, wie sich deine Bauchdecke bewegt
und die Luft durch deine Nase strömt.
Sollten Gedanken auftauchen, kehre mit
deiner Aufmerksamkeit einfach zurück
zu deiner Atmung.

Fange mit kurzen Meditationen
(5 Minuten täglich) an und freue dich
über die gewonnene Entspannung.
Mit jeder weiteren Meditation stärkst
du die innere Gelassenheit.

Steigere deine stille Meditation jede Woche
um weitere 5 Minuten und du wirst feststellen,
wie sich die innere Ruhe stärken wird.

Die Stille ist nicht leer,
sie ist voller Antworten.

Mach mal langsam

Schneller, höher, weiter, mehr: Im Alltag lassen wir uns oft von dem turbulenten Leben treiben und vergessen, den Moment wahrzunehmen. In der Hektik entsteht oft der Stress, der uns um unsere innere Ruhe bringt. Um wieder in die Gelassenheit zu kommen, hilft eine gezielte Verlangsamung.

Es kann sehr entschleunigend wirken, bewusst einen Gang herunterzuschalten und den Moment zu verlangsamen. Am einfachsten gelingt es dir, wenn du für wenige Minuten in die Zeitlupe eintauchst. Indem du den Kontrast zwischen Zeitlupe und Hektik wahrnimmst, findest du zurück zu deiner inneren Mitte.

Übung

Führe die folgende Übung bei Bedarf aus

Führe eine Tätigkeit ganz bewusst in Zeitlupe und aus fokussiere dich voll und ganz auf den Moment. Zum Beispiel:

- *Zieh dich in Zeitlupe an*

- *Trinke ganz langsam*

- *Kaue dein Essen langsamer als üblich*

- *Sprich langsamer*

- *Gehe oder bewege dich langsamer*

- *Tippe oder schreibe langsamer*

Positives Denken

Positives Denken hat einen direkten Einfluss auf die innere Ruhe und dein Gelassenheitslevel. Mit bewusster Lenkung deiner Gedanken steuerst du deine Wahrnehmung weg von Unruhe und Stress hin zu Gelassenheit und innerer Stärke.

Zudem haben positive Gedanken nicht nur einen starken Einfluss auf die mentale Ruhe, sondern auch auf das Nervensystem, das wiederum die körperliche Entspannung steuert.

Mit positiven Gedanken wirst du selbst in schwierigen Situationen die Ruhe bewahren, nicht in Panik geraten und dich weniger über Kleinigkeiten aufregen.

Eine optimistische innere Haltung gibt dir Sicherheit und Gelassenheit, sodass du vieles leichter bewältigen kannst.

Wie kannst du dein positives Denken stärken? Dein Umfeld hat einen bewussten und unbewussten Einfluss auf dich und dein Gemüt. Umgib dich mit positiven und gelassenen Menschen und du wirst erkennen, wie ansteckend die lebensbejahende Einstellung und Zufriedenheit auf dich wirken kann. Ein stärkendes und zufriedenes Umfeld hilft dir, eine positive Haltung zu verinnerlichen.

Übung

Beantworte folgende Fragen
in deinem Notizheft

- *Welche Menschen lassen Zweifel und Sorgen aufkommen? Schreibe fünf Personen auf, die dich mit ihren negativen Gedanken beeinflussen.*

- *Welche Menschen stärken deine innere Ruhe und Gelassenheit? Schreibe fünf Personen auf, die optimistisch und zuversichtlich in die Zukunft blicken.*

Wir denken
sowieso.

Warum dann
nicht gleich
positiv?

———.———

Prioritäten setzen

Auf dringende Dinge, wie eine Notsituation, müssen wir sofort reagieren. Doch nicht jedes Ereignis, jedes To-do oder jede Situation benötigt deine sofortige Aufmerksamkeit. Die meisten Dinge, die uns aus dem Gleichgewicht bringen, sind in Wirklichkeit halb so schlimm, wie wir sie in dem akuten Moment wahrnehmen.

Du selbst kannst festlegen, was für dich wichtig oder dringend ist. Das bedeutet auch zu lernen, „Nein" zu sagen. Dadurch gewinnst du mehr Zeit für das Wesentliche.

Ein ehrliches NEIN zu anderen, ist ein liebevolles JA zu dir selbst.

Übung

Beantworte folgende Fragen in deinem Notizheft

Oft kann es hilfreich sein, eine mentale Distanz einzunehmen und die Situation aus einer anderen Perspektive zu beobachten:

- *Werde ich in sechs Monaten noch daran denken?*

- *Wie werde ich die Situation in zwölf Monaten betrachten?*

- *Lohnt es sich dann, sich dadurch jetzt aus der Ruhe bringen zu lassen?*

Es sind die
Augenblicke,
die zählen.

—— . ——

Ist es wahr?

Deine Glaubenssätze und inneren Überzeugungen bestimmen deine Gedanken und Handlungen. Sie sind durch frühere Erfahrungen entstanden, die wir auf die Gegenwart projizieren. Es sind die Sätze und Aussagen, die du regelmäßig denkst, aussprichst und für wahr hältst. Negative Glaubenssätze schränken dich in deiner Kraft und Lebensfreude ein. Positive und lebensbejahende Überzeugungen hingegen stärken deine innere Haltung.

Existieren die mentalen Grenzen, die du dir selbst gesetzt hast, in Wirklichkeit? Beginne, deine Gedanken und Worte zu hinterfragen, um sie auf ihren Wahrheitsgehalt zu überprüfen.

Auf diese Weise wirst du die vorhandenen Glaubenssätze herausfiltern und kannst bewusst entscheiden, welche Überzeugungen dich im Leben vorwärtsbringen.

So kannst du in der Zukunft deine Gedanken achtsamer wählen und die negativen Muster schneller entschärfen.

Übung

Beantworte folgende Fragen in deinem Notizheft

- *Vervollständige den Satz: „Das Leben ist …"*
  Schreibe 20 Möglichkeiten auf, wie du diesen Satz abschließen würdest.

- *Wähle die negativen Formulierungen aus und hinterfrage mehrmals jede einzelne Aussage, ob diese wahr ist.*

- *Formuliere anschließend eine positive Version und verankere sie als deine neue Überzeugung.*

Man muss mit
allem rechnen.
Auch mit
dem Guten.

———.—

Positive
GLAUBENSSÄTZE

✓ Ich kann alles schaffen. Ich bin gut genug.

✓ Das Leben ist schön. Ich liebe mein Leben.

✓ Ich fühle mich stark. Ich kann alles erreichen.

✓ Mein Leben besteht aus Freude und Leichtigkeit.

✓ Ich darf alles sein, was ich möchte.

✓ Das Leben ist wundervoll.

TEIL 3

Kleine Routinen, große Wirkung

Tief Durchatmen

Im Alltag kannst du aktiv den Druck oder Dampf ablassen, um Gelassenheit hervorzurufen. Wenn du merkst, dass die Anspannung steigt, nimm sie wahr und atme hörbar durch den Mund aus. Atme dabei besonders stark und laut. Das Ausatmen sollte etwas länger dauern als das Einatmen. Wiederhole diese Atemtechnik fünf bis zehn Mal, um die akute Spannung abzubauen.

Dein Atem führt
dich zur
Gelassenheit,
wenn du auf ihn
hörst.

Bewusste Atmung

Beobachte deine Atmung und zähle
jeden Atemzug mit. Zähle bis fünfzig
und bleibe mit deiner Aufmerksamkeit
bei deiner Atmung.

Innere Reise

Lege dich bequem hin, schließe
deine Augen und reise mental an
deinen Lieblingsort. Es kann am Meer sein,
auf der Wiese oder in den Bergen.
Versetze dich in diese Situation mit
allen Sinnen: Was siehst du, was riechst du,
was hörst du, was spürst du? Stelle dir
für einen Moment vor, wie du an
diesen Ort abtauchst.

ACHTSAMKEIT
LÄSST DEINE
SEELE
atmen.

Zeitfresser

Zeitfresser sind Aktivitäten im Alltag, die deine Aufmerksamkeit in Anspruch nehmen, aber wenig Wirkung erzielen. Dazu gehört vor allem das Surfen im Internet. Diese Beschäftigung dient selten der Erholung oder Entspannung. Gleichzeitig vergehen kostbare Stunden deines Lebens.

Es gibt auch Zeitfresser im sozialen Leben. Verbringst du Stunden oder Tage mit Menschen, die dir nicht guttun?

Beginne die Zeitfresser zu minimieren. Fange mit kleinen Schritten an und reduziere die Zahl der zeit- und energieraubenden Aktivitäten oder Menschen in deinem Leben.

Zeit für dich ist Zeit,
die dir etwas gibt.

———— · ————

Journaling

Termine, Zeitdruck und Hektik begleiten uns im Alltag. Daher ist es ratsam, kleine Routinen und Pausen einzulegen. Sie helfen dir, deine Gelassenheit gezielt zu stärken und zu einer Gewohnheit werden zu lassen.

Journaling ist eine kraftvolle Methode, die sich sehr leicht in das Tagesgeschehen integrieren lässt. Zudem hilft sie dir, deine Gedanken auf das Papier zu bringen und dadurch einen neuen Blickwinkel zu gewinnen und eine klare Sicht zu schaffen. Journaling steigert deine Achtsamkeit und unterstützt dich dabei, in herausfordernden Situationen gelassener zu reagieren.

Das Aufschreiben deiner Gedanken führt oft auch zu einer gesunden Distanz zu bestimmten Ereignissen. So kannst du gelassener eine Entscheidung treffen oder etwas loslassen. Das Ergebnis ist nicht nur Klarheit über dein Leben, sondern auch innere Ruhe und Kraft für deine Zukunft.

Journaling-Arten

Es gibt verschiedene Arten, ein Journal zu führen. Je nachdem, was du an dem Tag brauchst, kannst du das Thema für dein Journaling festlegen.

Selbstreflexion-Journaling

Nimm dir Zeit, deinen Tag, deine Woche oder deinen Monat zu reflektieren. Selbstreflexion hilft dir, dich zu fragen, wie es dir geht und wie du dich fühlst. Es kann besonders wichtig sein, um deine Gefühlswelt zu verstehen.

Selbstreflexion
JOURNAL-IDEEN

- ✓ Wie war mein Tag / Woche / Monat?

- ✓ Was war mein Highlight?

- ✓ Wann habe ich mich glücklich gefühlt?

- ✓ Was hat mich traurig gemacht?

- ✓ Wie würde ich die Zeit in drei Worten beschreiben?

- ✓ Wie oft habe ich mich erholt?

- ✓ Wie habe ich meine Pausen und Ruhemomente gestaltet?

- ✓ Was möchte ich loslassen?

- ✓ Was möchte ich anders machen?

Ziel &
ERFOLGSJOURNALING

Auch deine Ziele und Visionen kannst
du schneller erreichen, wenn du sie
mit klarem und entspanntem Kopf angehst.
Deine Fortschritte können schnell in
Vergessenheit geraten, umso wichtiger
ist es, sie bewusst wahrzunehmen.
Journaling hilft dir, herauszufinden,
welche Erfolge du bereits erzielt hast und
was du brauchst, um vorwärtszukommen.
Auf diese Weise kannst du dich
mit mehr Gelassenheit auf
deine Zukunft fokussieren.

Erfolg & Ziele
JOURNAL-IDEEN

✓ Was habe ich in den letzten Tagen / Wochen erreicht?

✓ Wie kann ich mich für die bisherigen Erfolge belohnen?

✓ Wo sehe ich mich in drei Monaten?

✓ Wo sehe ich mich in einem Jahr?

✓ Worauf bin ich stolz?

✓ Welche Fähigkeiten und Talente möchte ich stärken?

✓ Was möchte ich Neues lernen?

Dankbarkeits-Journaling

Dankbarkeits-Journaling hilft dir,
dich auf die schönen Augenblicke
zu konzentrieren und Zufriedenheit
in den kleinen Momenten zu finden.
Es ist eine schöne Erinnerung, die
innere Ruhe und Entspannung
hervorrufen und uns helfen kann,
optimistisch und gelassen in
die Zukunft zu blicken. Dankbarkeit
stärkt zudem die Achtsamkeit im Alltag
und lenkt die Aufmerksamkeit auf
die positiven Seiten des Lebens.

Dankbarkeit
JOURNAL-IDEEN

✓ Warum bin ich heute dankbar?

✓ Fünf Dinge, für die ich dankbar bin.

✓ Fünf Menschen, für die ich dankbar bin.

✓ Fünf Erlebnisse, für die ich dankbar bin.

✓ Welche wertvollen Erfahrungen habe
   ich in der Vergangenheit gesammelt?

✓ Worauf freue ich mich in der Zukunft?

Auszeit in der Natur

Gelassenheit liebt die Stille. Der Geist kommt zur Ruhe und Entspannung tritt ein. Ein Spaziergang im Wald oder durch den Park nährt und erfrischt das Gemüt. Bewegung in der Natur oder ein Spaziergang zum Lieblingscafé führt zur erholsamen Auszeit im hektischen Alltag.

Bestaune dabei die kleinen Wunder der Natur. Beobachte ein kleines Objekt – einen Vogel, einen Stein, ein Blatt oder was du sonst draußen in der Natur entdeckst.

Für eine kleine Auszeit zwischendurch musst du nicht immer in die Ferne reisen. Die Gelassenheit kann sich meist gleich um die Ecke befinden.

Übung

Führe diese Übung aus, um auf der körperlichen Ebene zu entspannen

- *Wie oft machst du aktuell Pausen in deinem Alltag?*

- *Nimm dir zwei bis drei Mal die Woche Mini-Auszeiten und plane in deinem Kalender regelmäßige Spaziergänge als kurze Pausen ein.*

- *Nimm die Umgebung ganz intensiv mit allen Sinnen wahr. Welche neuen Entdeckungen konntest du machen? Ist dir etwas Besonderes aufgefallen? Was hat dich fasziniert?*

Schenke dir eine Umarmung

Deine Verbindung zu deinem Körper ist ein wichtiges Element auf dem Weg zu mehr Gelassenheit. Dein Körper reagiert auf deine Anspannung und Entspannung. Die bewusste Wahrnehmung des Körpers stärkt die Geist-Körper-Verbindung. Du kannst dieses Körper- und-Geist-Zusammenspiel nutzen, indem du mitfühlend mit deinem Körper umgehst. Schenke ihm eine Umarmung, ein Lächeln im Spiegel oder liebe Worte.

Ich bin dankbar
für alles Gute
im Leben!

Gelassen bleiben

Ich bin mir sicher, du hast bereits viele Fortschritte gemacht und wirst weiterhin neue Erkenntnisse für dich entdecken. Denn die Stärkung deiner Gelassenheit und der inneren Ruhe ist ein fortlaufender Prozess, täglich wachsen und entwickeln wir uns weiter.

In diesem Buch hast du einige Anregungen und Impulse erhalten, wie du mehr Gelassenheit und Gleichmut in dein Leben bringen kannst.

Erlaube es dir, deinen Weg in deinem Tempo zu gehen und habe Freude auf dieser Reise!

Was auch passiert,

es liegt ganz

alleine bei dir,

wie du darauf reagierst.

———— · ————

Danke!

Alina Pom ist Autorin, Coach und Expertin für Manifestation und Mindset Transformation. Sie vereint transformative Psychologie mit Spiritualität, um lebensverändernde, ganzheitliche Inhalte und Methoden für die einzelnen Lebensbereiche zu erschaffen.

Ich freue mich, wenn ich dich auf deiner Reise zu deinem absoluten Traumleben weiter begleiten darf.

Alina Pom

Mehr unter:
www.alinapom.de
Instagram: @alinapom.manifestationmind

Ein Lächeln schenken

Weitere kleine Anleitungen von Alina Pom

für ein gutes Leben

Praktische Übungen erklären wie Selbstliebe entsteht und was du tun kannst, um dich selbst anzunehmen und dein Selbstbewusstsein zu stärken. So lernst du, Stück für Stück zu mehr Selbstliebe und Zufriedenheit zu finden.

GTIN: 978-3-8485-0153-3

Mit zahlreichen Denkanstößen und praktischen Übungen zeigt dir das Buch, wie du Stück für Stück mutiger werden, alte Muster durchbrechen und dein Leben nach deinen Wünschen gestalten kannst.

GTIN: 978-3-8485-0154-0

Jeder Titel
10,6 x 13,6 cm
112 Seiten
€ 10,00 (D) • € 10,30 (A)

Glück und Zufriedenheit hängen zu einem großen Teil von unserer Einstellung ab. Denn das Glas ist weder halbvoll noch halbleer – das Glück besteht in der Fähigkeit, sich zu freuen, ein Glas zu haben.

GTIN: 978-3-8485-0156-4

Idee und Konzept: GROH Verlag. Das Werk einschließlich seiner Teile ist urheberrechtlich geschützt. Jede Verwertung außerhalb der engen Grenzen des Urheberrechtsgesetzes ist ohne Zustimmung des Verlages unzulässig und strafbar. Das gilt insbesondere für Kopien, Einspeicherung und Verarbeitung in elektronischen Systemen.

Bildnachweis: Svetolk/Shutterstock.com, Olga Strel/Shutterstock.com, yugoro/Shutterstock.com.

Layout: Doris Wohofsky, Dipl. Grafik-Designerin

Gesamtherstellung: AZ Druck und Datentechnik GmbH, Kempten

Aus Verantwortung für die Umwelt hat sich die Verlagsgruppe Droemer Knaur zu einer nachhaltigen Buchproduktion verpflichtet. Der bewusste Umgang mit unseren Ressourcen, der Schutz unseres Klimas und der Natur gehören zu unseren obersten Unternehmenszielen. Gemeinsam mit unseren Partnern und Lieferanten setzen wir uns für eine klimaneutrale Buchproduktion ein, die den Erwerb von Klimazertifikaten zur Kompensation des CO_2-Ausstoßes einschließt.

Weitere Informationen finden Sie unter: www.klimaneutralerverlag.de

Gelassenheit – Kleine Anleitung für ein gutes Leben
GTIN 978-3-8485-0157-1
© 2022 Groh Verlag. Ein Imprint der Verlagsgruppe
Droemer Knaur GmbH & Co. KG, München
www.geschenkverlage.de